Larissa Keri
Katharina Zera

Lese-Lausch-Tandemgeschichten – Klasse 1/2

Lese- & Zuhörkompetenz differenziert fördern durch gemeinsames Lesen und aktives Zuhören

Auer

Wir haben uns für die Schreibweise mit dem Sternchen entschieden, damit sich Frauen, Männer und alle Menschen, die sich anders bezeichnen, gleichermaßen angesprochen fühlen. Aus Gründen der besseren Lesbarkeit für die Schüler*innen verwenden wir in den Kopiervorlagen das generische Maskulinum. Bitte beachten Sie jedoch, dass wir in Fremdtexten anderer Rechtegeber*innen die Schreibweise der Originaltexte belassen mussten.

In diesem Werk sind nach dem MarkenG geschützte Marken und sonstige Kennzeichen für eine bessere Lesbarkeit nicht besonders kenntlich gemacht. Es kann also aus dem Fehlen eines entsprechenden Hinweises nicht geschlossen werden, dass es sich um einen freien Warennamen handelt.

1. Auflage 2024

Autor*innen: Larissa Keri, Katharina Zera
Covergestaltung und -illustration: Saskia Radtke | Illustration + Grafik
Illustrationen: Kristina Klotz, München
Satz: Typographie & Computer, Krefeld
Druck und Bindung: Korrekt Nyomdaipari Kft.
ISBN 978-3-403-**08842**-4

www.auer-verlag.de

Inhaltsverzeichnis

Die farbigen Lösungsbilder zur Selbstkontrolle erhalten Sie als digitales Zusatzmaterial. Die Benutzerhinweise zum Download des Zusatzmaterials und den entsprechenden Zusatzcode finden Sie am Ende des Buches.

Erläuterung der Methode: Was ist ein Lese-Lausch-Tandem?

Bei den Lese-Lausch-Tandems handelt es sich um ein kooperatives Übungsszenario, bei dem das laute und das sinnverstehende Lesen mit dem aktiven Zuhören verknüpft werden.

Wie ist die Vorgehensweise?

Das Tandem „erliest" gemeinsam eine Geschichte. Diese ist in Abschnitte untergliedert, die abwechselnd vorgelesen werden. Dabei liegen jedem Partnerkind jeweils nur die eigenen Textpassagen vor. Während Partnerkind A liest, hört Partnerkind B zu.

Das Gelesene bzw. Gehörte muss wiederum nach jedem Abschnitt zeichnerisch umgesetzt werden. Dazu erhalten die Kinder eine Malvorlage als Skizze, welche ergänzt, angepasst und verändert wird. Die Vorlage ist so konzipiert, dass den Kindern das Zeichnen „erleichtert wird". So lassen sich Schwierigkeiten bei den Größenverhältnissen oder Unsicherheiten bezüglich der Position vorbeugen. Auch müssen die Lernenden eher „Kleinigkeiten" ergänzen, indem die Hauptcharaktere der Geschichte bereits abgebildet sind.

Anschließend tauschen sie die Rollen und die Geschichte geht weiter. Am Ende können die Zeichnungen verglichen werden. Somit entsteht eine Art Selbstkontrolle. Zudem finden Sie „Musterlösungen" der Zeichnungen in Farbe im digitalen Zusatzmaterial. Diese können zur Selbstkontrolle an die Kinder ausgegeben werden.

Ziele und Kompetenzen

Das Verfahren der Lese-Lausch-Tandems schafft eine Verbindung zwischen der Förderung der Lesefertigkeit bzw. Leseflüssigkeit und der Schulung der Zuhörfähigkeit. Daher ist die Methode als kompetenzübergreifend zu definieren.

Förderung der Lesekompetenz

Die verschiedenen Verfahren zum Ausbau der Lesekompetenz lassen sich, je nachdem ob die Lesefertigkeit oder Lesefähigkeit geübt wird, unterschiedlichen Ansätzen zuordnen. Da bei der vorgestellten Methode für ein Partnerkind vorgelesen wird, aber gleichzeitig der Inhalt erfasst werden muss, handelt es sich hierbei um ein kombiniertes Verfahren, welches sowohl darauf abzielt, die Lesefertigkeit/-flüssigkeit als auch die Lesefähigkeit, also das Leseverständnis, zu verbessern. Insgesamt können damit Decodierfähigkeit, Lesegeschwindigkeit und Sinngestaltung geschult werden. Aber auch die gezielte Informationsentnahme sowie ein Einblick in die Textintention können dadurch verbessert werden.

Schulung der Zuhörkompetenz

Das Zuhören ist Teil der mündlichen Sprachkompetenz. Voraussetzungen für verstehendes Zuhören sind Kenntnisse des Wortschatzes, Grammatikkenntnisse (insbesondere der Syntax) sowie Vorwissen, an das ggf. angeknüpft werden kann. Ziel ist es, die Kinder zu befähigen, einem gehörten Text Informationen zu entnehmen, sie zu organisieren und damit arbeiten zu können. Die Methode der Lese-Lausch-Tandems stellt hier eine Möglichkeit dar, diese Kompetenz spielerisch zu erweitern.

Kooperatives Übungsformat

Kooperative Lernprozesse sind definiert als Situationen, in denen mehrere Personen in Abhängigkeit voneinander an einer gemeinsamen Aufgabe arbeiten. Dabei geht es also nicht darum, Aufgaben aufzuteilen, sondern sie vielmehr gemeinsam zu lösen. Im Grunde lässt es sich als positive gegenseitige Abhängigkeit in Verbindung mit individueller Verantwortung beschreiben. Dadurch lässt sich nicht nur zu einem gewissen Maße heterogenen Lernvoraussetzungen gerecht werden, sondern die Kinder profitieren auch gegenseitig von ihren Kompetenzen und Erfahrungen. Daneben bieten kooperative Übungsformate auch den Vorteil der gegenseitigen Selbstkontrolle.

Handlungsorientierte Lernumgebung

Die Lese-Lausch-Tandems schaffen eine handlungsorientierte Lernumgebung, indem sie die Kinder aktivieren und zur Selbsttätigkeit anregen. Durch die Verbindung der kognitiven Tätigkeiten Lesen und Zuhören mit der zeichnerischen Umsetzung des Inhalts, werden die Lernenden in das Geschehen eingebunden und erhalten die Möglichkeit, die Geschichte „miterleben“. Dieser Ansatz berücksichtigt das Konzept des gehirngerechten Lernens, indem kognitive, visuelle und haptische Elemente in einem Aufgabenformat verknüpft werden. Die persönliche Involvierung schafft zudem einen erhöhten Motivationscharakter.

Motivationskraft

Die besondere Antriebskraft des Verfahrens lässt sich auf das handlungsorientierte bzw. kooperative Übungsformat zurückführen. Die gemeinsame Arbeit und das aktive Eintauchen in die Geschichte sind motivationsfördernd. Daneben berücksichtigen die Geschichten die Lebenswelt sowie die Interessen der Lernenden. Die Texte sind so verfasst, dass die Handlung auch nicht immer sofort vorhersehbar ist und ein gewisser Spannungsbogen aufrechterhalten wird.

Tipps zur Umsetzung im Unterricht

Einführung der Regeln

Bevor die Methode im Unterricht eingesetzt werden kann, muss den Kindern das Konzept erläutert werden. Damit das System funktioniert, gibt es zudem ein paar Regeln zu beachten.

Um die Komplexität möglichst gering zu halten, ist es wichtig, dass die Kinder wissen, dass es nicht darum geht, sich zeichnerisch zu „verkünsteln“. Wichtiger als eine perfekte Darstellung ist die korrekte Position, Größe oder Farbe. Daneben werden keine Geräusche oder Gespräche dargestellt. Es ist also z. B. nicht nötig oder gar sinnvoll, Sprechblasen zu ergänzen. Zuletzt ist den Kindern verständlich zu machen, dass immer das Endergebnis eines Abschnitts gemalt wird. Heißt es beispielsweise „Der Vogel fliegt herbei und setzt sich auf den Ast.“ ist der Vogel nicht im Flug, sondern sitzend auf dem Ast zu zeichnen.

Somit muss auch immer zuerst der ganze Abschnitt vorgelesen werden und dann wird der Inhalt auf der Skizze umgesetzt. Auf der *Anleitung: Lese-Lausch-Tandem* sind die wichtigsten Regeln und das Prinzip als Merkplakat zusammengefasst.

Einführung der Vorlese- und Zuhörtipps

Damit das Verfahren gelingen kann, ist es sinnvoll, mit den Kindern im Vorfeld über das richtige Vorlesen bzw. Zuhören zu sprechen. Dazu können die *Lese-* und *Lauschertipps* genutzt werden, welche die wichtigsten Tipps für beide Bereiche zusammenfassen. Empfohlen wird, die Hinweise auch praktisch (z. B. an einem der Texte) auszuprobieren. Hierbei sind für Kinder im Grundschulalter Positiv- und Negativbeispiele häufig sehr eindrücklich.

Durchführung und Differenzierungsmöglichkeiten

Nachdem die Regeln und Tipps eingeführt wurden, kann es mit dem Lesen und Lauschen losgehen. Dazu müssen zunächst Partnerkind A und Partnerkind B bestimmt werden.

Jede Geschichte gibt es in zwei Schwierigkeitsstufen, die sich in Textlänge, Wortwahl und Schriftgröße unterscheiden. Die leichteren Texte haben so z. B. eine größere Schriftgröße, einfachere Begriffe und weniger Umfang. Diese können miteinander kombiniert werden. So ist es möglich, dass beide Partnerkinder z. B. die schwierigere Stufe ★★ lesen oder beide die leichte Stufe ★ erhalten. Andererseits kann auch ein leichter mit einem schwierigeren Text zusammen eingesetzt werden, da sich der benötigte Inhalt nicht unterscheidet.

Für besonders schwache Leser*innen oder Kinder mit sprachlichen Defiziten könnte die Lehrkraft gegebenenfalls auch beim leichteren Text die Schlüsselwörter zusätzlich markieren oder durch Unterstreichung hervorheben.

Stehen die Rollen fest und die Geschichte ist aufgeteilt, setzen sich die Kinder im besten Fall gegenüber. So haben sie Blickkontakt und können leichter miteinander kommunizieren. Die Lesetexte haben jeweils eine Faltlinie und können durch Klammern miteinander verbunden werden. Dadurch liegt die Malvorlage auf dem Tisch und der Text „steht" aufrecht vor dem jeweiligen Lesekind.

Vorschlag Aufbau des Lese-Lausch-Tandems

Im Sinne eines sprachsensiblen Unterrichts gibt es zu jeder Geschichte auch einen passenden Wortspeicher. In diesem werden themenspezifische Begriffe aus den Texten erklärt oder visuell abgebildet. Er ist als erweitertes Angebot gedacht und kann individuell eingesetzt werden.

Am Ende der Übung erfolgt eine Selbstkontrolle, indem die Kinder ihre Zeichnungen miteinander vergleichen. Stimmen die Farben und Lagen überein? Auch diese Phase regt wieder das Kommunizieren und Argumentieren an.

Die Lese-Lausch-Tandems können nach ihrer Einführung in regelmäßigen Abständen im Unterricht eingesetzt werden. Es bedarf keiner langen Sequenz oder Vorarbeit, weshalb die Methode recht simpel und flexibel in der Wochen- bzw. Jahresplanung untergebracht werden kann.

Anleitung: Lese–Lausch–Tandem

So geht es:

1. Teilt die Texte A und B zu und setzt euch gegenüber.

2. Knickt die Texte an der Faltlinie, heftet sie zusammen und stellt sie vor euch auf.

3. Das Partnerkind mit Text A beginnt zu lesen. Partnerkind B hört zu.

4. Jeder malt den Abschnitt auf seine Skizze.

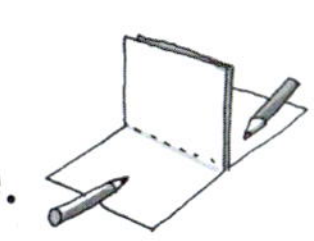

5. Tauscht die Rollen nach jedem Abschnitt.

6. Vergleicht am Ende eure Zeichnungen.

Regeln:

1. Malt so einfach wie möglich.
   (Wichtig sind die richtige Farbe, Anzahl und Lage.)
2. Lest/Hört immer erst den ganzen Abschnitt, bevor ihr malt.
3. Zeichnet immer das Endergebnis des Absatzes.
4. Geräusche und Gespräche müsst ihr nicht darstellen.

Unsere Lesetipps

1. Lies **genau und deutlich**!
Verbessere Lesefehler sofort, wenn sie dir auffallen.

2. Lies **nicht zu laut und nicht zu leise**!
Passe deine Lautstärke der Geschichte an.

3. Lies **nicht zu schnell oder zu langsam**!
Passe dein Tempo der Geschichte an.

4. Achte auf **Pausen**!
Warte kurz am Satzende, bei Kommas oder um die Spannung zu erhöhen.

5. **Betone** wichtige Wörter!
Hebe zum Beispiel Farben oder Positionen hervor.

6. Passe deine Stimme den **Gefühlen** der Personen an!
Lass sie zum Beispiel wütend oder ängstlich klingen.

Unsere Lauschertipps

1. Sei **leise**!
   Sprich nicht und mache keine Geräusche.

2. Sitze **ruhig**!
   Achte darauf, dass du von Beginn an bequem sitzt.

3. **Konzentriere dich** nur auf das Hören!
   Sieh dein Partnerkind oder das Bild an.
   Du kannst auch die Augen schließen.

4. Sorge dafür, dass dich **nichts ablenken** kann!
   Räume zum Beispiel deinen Tisch auf und suche dir einen passenden Ort.

5. **Stelle dir** das Gehörte **vor**!
   Lass ein Bild in deinem Kopf erscheinen.

6. **Frage nach**, wenn du etwas nicht richtig verstanden hast! Dein Partnerkind kann den Abschnitt auch noch einmal vorlesen.

Der misslungene Zaubertrank

Text A

START

1. Heute hat sich Wilma besonders schick gemacht und trägt ihren schwarzen Hexenhut und die grün-schwarz geringelten Strümpfe.

3. Zum Fest möchte Wilma einen speziellen Zaubertrank brauen. Die Zutaten stehen schon im Regal bereit: Fliegenpilze, Knochen und gelber Schleim.

5. „Probiere mal, Fridolin! Fehlt noch etwas?“, sagt Wilma. Der Frosch streckt seine lange rote Zunge in den Trank.

7. Der Trank beginnt sofort zu blubbern. Große grüne Blasen und stinkender gelber Rauch steigen auf.

9. „Wir müssen es stoppen!“, schreit Fridolin, „fünf Spinnen krabbeln schon auf dem Boden!“

Der misslungene Zaubertrank

Text B

2. Denn am Abend steht das Hexenfest auf dem Blocksberg an. Auch ihr Frosch Fridolin, der es sich auf ihrer Schulter gemütlich gemacht hat, ist schon aufgeregt.

4. Mit einem Zauberspruch landet alles im Kessel und sofort nimmt die köchelnde Flüssigkeit eine giftige grüne Farbe an.

6. Da seilt sich auf einmal eine kleine Spinne von der Decke ab und landet mitten in der grünen Brühe.

8. „Verflixt! Das sieht nicht gut aus", ruft Wilma erschrocken, als schon viele kleine schwarze Spinnen aus dem Topf herauskrabbeln.

10. „Ein Verwandlungszauber muss her!", entschließt Wilma. Und in Sekundenschnelle wird aus jeder Spinne eine Lakritzschnecke.

ENDE

Der misslungene Zaubertrank

Text A

START

1. Heute trägt Wilma ihren schwarzen Hut und die grün-schwarz geringelten Strümpfe.

3. Wilma möchte einen Trank brauen. Die Zutaten stehen im Regal: Fliegenpilze, Knochen und gelber Schleim.

5. „Probiere mal!“, sagt Wilma. Der Frosch streckt seine rote Zunge in den Trank.

7. Der Trank blubbert. Grüne Blasen und gelber Rauch steigen auf.

9. Fünf Spinnen krabbeln schon auf dem Boden.

Der misslungene Zaubertrank

Text B

2. Heute ist das Hexenfest. Auch Frosch Fridolin ist aufgeregt. Er sitzt auf Wilmas Schulter.

4. Mit einem Spruch landet alles im Kessel und der Trank nimmt eine grüne Farbe an.

6. Da seilt sich eine Spinne von der Decke ab und landet in der Brühe.

8. „Verflixt!“, ruft Wilma. Kleine schwarze Spinnen krabbeln aus dem Topf.

10. Wilma hext. So wird aus jeder Spinne eine Lakritzschnecke.

ENDE

Wortspeicher zur Geschichte „Der misslungene Zaubertrank“

Blocksberg 	Treffpunkt für Hexen
blubbern 	Blasen machen
brauen 	eine Flüssigkeit herstellen
Brühe 	heiße Flüssigkeit, eine Art Suppe
Fliegenpilz 	roter Pilz mit weißen Punkten
geringelt 	gestreift
Kessel 	großer Topf
köcheln 	etwas auf niedriger Temperatur kochen
Lakritzschnecke 	schwarze Süßigkeit, wie eine Spirale gerollt
Regal 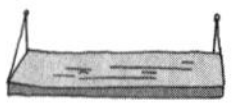	Teil eines Schranks
schick 	schön gemacht
Schleim 	zähe, klebrige Flüssigkeit
Schulter 	Körperteil, oberer Teil des Arms
in Sekundenschnelle	sehr schnell
speziell	besonders
Spinne 	dunkles Insekt mit acht langen Beinen
Spinnennetz 	Gitter aus Fäden der Spinne
Strümpfe 	längere Socken
Trank 	gemischtes Getränk
Verflixt!	wütender Ausruf
Verwandlung	Wechsel der Gestalt

Bunter Regen

Text A

START

1. Es ist ein herbstlicher Tag. Lisa steht in ihrem gelben Mantel auf einem kleinen Hügel. Es ist der perfekte Ort für ihr Vorhaben.

3. Vom Wetterbericht wurde auch etwas Regen vorhergesagt. Deswegen ist das Mädchen gleich in ihre schwarzen Gummistiefel geschlüpft.

5. Lisa möchte heute endlich ihren selbstgebastelten gelben Drachen steigen lassen. Mit dem Wind flattert er hoch über den Feldern. Die lange Schnur hält sie fest in der Hand.

7. Sein Schwanz mit abwechselnd grünen und lila Schleifen weht fröhlich im Wind. „Wie schön das ist!", freut sich Lisa.

9. Nur kurze Zeit später fallen viele dicke graue Regentropfen vom Himmel. „Oh nein!", ruft Lisa ganz erschrocken.

Bunter Regen

Text B

2. Weil es so windig ist, trägt Lisa heute ihre neue rote Mütze mit dem blauen Bommel. Ihre blonden Locken schauen darunter hervor.

4. Über ihr fliegen am Himmel fünf schwarze Raben und krächzen lautstark im Chor.

6. Seine vielen bunten Punkte schimmern. Diese hat das Mädchen vorher mühevoll mit ihren Wasserfarben gemalt.

8. Da zieht eine dicke graue Wolke auf, dann noch eine und noch eine. Insgesamt sind es fünf Wolken.

10. Da lösen sich auch schon die bunten Punkte auf ihrem Drachen. Auf einmal mischen sich unter die dunklen Regentropfen noch welche in allen Farben.

ENDE

Bunter Regen

Text A

START

1. Es ist Herbst. Lisa steht in ihrem gelben Mantel auf einem Hügel.

3. Auch trägt das Mädchen ihre schwarzen Gummistiefel.

5. Lisa möchte ihren gelben Drachen steigen lassen. Er flattert hoch über den Feldern. Die Schnur hält sie in der Hand.

7. Sein Schwanz weht im Wind. Er hat abwechselnd grüne und lila Schleifen.

9. Viele graue Regentropfen fallen vom Himmel. „Oh nein!“, ruft Lisa.

Bunter Regen

Text B

2. Sie trägt ihre rote Mütze mit dem blauen Bommel. Ihre blonden Locken schauen darunter hervor.

4. Über ihr fliegen am Himmel fünf schwarze Raben und krächzen.

6. Seine vielen bunten Punkte schimmern. Diese hat Lisa mit Wasserfarben gemalt.

8. Da zieht eine graue Wolke auf, dann viele weitere.

10. Da lösen sich die Punkte und mischen sich als bunte Tropfen unter den Regen.

ENDE

Wortspeicher zur Geschichte „Bunter Regen“

blond	helle, gelbliche Haarfarbe
Bommel 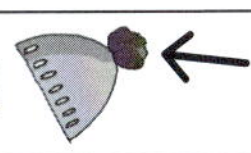	Kugel aus Stoff, die an der Spitze von Mützen sitzt
bunt	aus vielen Farben
Chor 	Gruppe von Sängern
Drache 	Spielzeug, das im Wind fliegt
flattern	sich im Wind bewegen, fliegen
Gummistiefel 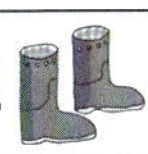	wasserfeste Schuhe
Herbst	3. Jahreszeit
Hügel 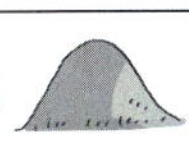	kleiner Berg
krächzen	kratzender Ruf von Raben
Locken 	geringelte Haare
mühevoll	anstrengend, viel Zeit verwendet
Rabe 	schwarzer Vogel mit gelbem Schnabel
schimmern	hell leuchten, glitzern
Schnur 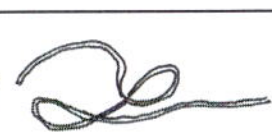	eine Art Faden, dünnes Seil
Tropfen 	Wasserteilchen
verfärben	Farbe verändern
Vorhaben	Plan
vorhersagen	etwas in der Zukunft sagen
Wasserfarben 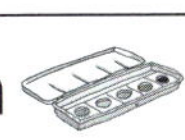	Farben, die sich mit Wasser malen lassen
wehen	im Wind bewegen
Wetter 	z. B. Regen, Sonne, Schnee, Hagel
Wetterbericht 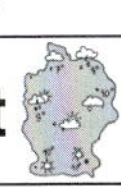	Vorhersage des Wetters

Gefahr unterm Tannenbaum

Text A

START

1. Es ist kurz vor Heiligabend. Im Kamin brennt ein Feuer. Eine angenehme Wärme erfüllt den Raum.

3. Das Wesen hat auch einen dicken braunen Sack und einen Zauberstab mit einem Stern auf der Spitze dabei.

5. „So ein schöner Baum, aber ziemlich kahl", murmelt Willi. Er aktiviert seinen Zauberstab und ein grüner Schimmer erstrahlt um die Sternspitze.

7. Als Willi gerade den nächsten Zauber sprechen will, entdeckt er ein gelbes Paar Augen, das zwischen Kamin und Weihnachtsbaum gefährlich herausleuchtet.

9. Der Wichtel nimmt seinen ganzen Mut zusammen und schleudert eine Handvoll blauen Zauberglitzer in Richtung Gefahr.

Gefahr unterm Tannenbaum

Text B

2. Aber was ist das? Auf dem Kaminsims steht Wichtel Willi mit seiner grünen Zipfelmütze und goldenen Glöckchen an den spitzen Schuhen.

4. „Für das Weihnachtsfest fehlt hier aber noch etwas!“, denkt Willi. Es klingelt kurz und schon steht auf dem Teppich eine prächtige grüne Tanne.

6. Schon erscheinen rote Kugeln und gelbe Strohsterne am Baum. „Das sieht doch schon viel besser aus!“, freut sich der Wichtel.

8. Vor Schreck geht Willis Magie schief und statt einem schönen Stern sitzt nun ein Osterei ganz oben auf der Spitze des Weihnachtsbaums.

10. Es macht „Hatschi!“ und um die gelben Augen erscheint nach und nach der Körper einer schwarzen Katze. Willi seufzt: „Ach, du bist es nur, Kitti!“

ENDE

Gefahr unterm Tannenbaum

Text A

START

1. Es ist kurz vor Heiligabend. Im Kamin brennt ein warmes Feuer.

3. Das Wesen hat einen braunen Sack und einen Stab mit einem Stern auf der Spitze dabei.

5. „Ziemlich kahler Baum!", murmelt Willi. Er startet seinen Zauberstab. Ein grüner Schimmer erstrahlt um die Spitze.

7. Als Willi den nächsten Zauber sprechen will, entdeckt er gelbe Augen zwischen Kamin und Weihnachtsbaum.

9. Der Wichtel schleudert blauen Glitzer zur Gefahr.

Gefahr unterm Tannenbaum

Text B

2. Auf dem Kaminsims steht Wichtel Willi mit seiner grünen Mütze und goldenen Glöckchen an den Schuhen.

4. „Hier fehlt noch etwas!“, denkt Willi. Und schon steht auf dem Teppich eine grüne Tanne.

6. Da erscheinen rote Kugeln und gelbe Sterne am Baum.

8. Willis Magie geht schief. Ein Osterei sitzt nun oben auf der Tanne.

10. Um die gelben Augen erscheint eine schwarze Katze. Willi sagt: „Ach, du bist es, Kitti!“

ENDE

Wortspeicher zur Geschichte „Gefahr unterm Tannenbaum“

aktivieren	starten, einschalten
Glöckchen 	kleine Glocke
Hatschi!	Geräusch beim Niesen
Heiligabend 	Weihnachtsabend, 24. Dezember
kahl	leer
Kamin 	Feuerstelle in einem Haus
Kaminsims 	Platte/Regal über der Feuerstelle
Magie 	Zauberkraft
Osterei 	bemaltes Ei
prächtig	schön und groß
Schimmer 	Leuchten, heller Schein
schleudern	werfen
seufzen	schwer/hörbar ausatmen
Strohstern 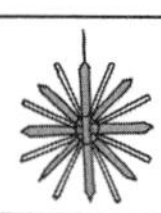	Stern aus Stroh, Anhänger
Tanne 	Nadelbaum
Teppich 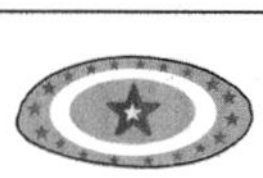	Stoff auf dem Boden
Zipfelmütze 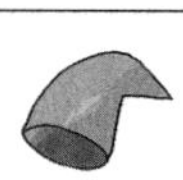	lange Mütze, die am Ende spitz wird

Schneemann in Not

Text A

START

1. Im Garten der Familie Kunz steht der Schneemann Herr Frostig. Er hat eine lange Karottennase und zwei Äste als Arme links und rechts.

3. „Was für ein großartiges Wetter! So kann ich endlich meinen schwarzen Zylinder und meinen roten Schal ausführen“, freut sich der Schneemann.

5. „Ich genieße die Kälte!“, antwortet Herr Frostig zufrieden. „Naja!“, erwidern die Tierchen. „Es ist so eisig, dass schon Eiszapfen an deinen Armen hängen. Brrr!“

7. „Hilfe, was soll das? Ich schwitze!“, ruft der Mann aus Schnee erschrocken, als er auch schon zu tropfen beginnt.

9. Elli hat dem Schneemann aus ihrem Fundus eine große schwarze Sonnenbrille mitgebracht, die er sich sofort auf die Nase setzt.

Schneemann in Not

Text B

2. Den ganzen Tag über fallen schon dicke Schneeflocken vom Himmel.

4. Da kommen die Eichhörnchen Emil und Erik vorbei und klettern jeweils auf einen seiner Arme. „Wie läuft's bei dir, Kugelmann?", quieken sie.

6. Auf einmal kämpft sich die Sonne hinter der Wolkendecke hervor. Ihre langen Strahlen fallen auf die Erde.

8. „Keine Panik!", beruhigen ihn die Eichhörnchen. Mit einem Pfiff rufen sie Elster Elli zu Hilfe, die sich ganz oben auf seinem Zylinder niederlässt.

10. „Danke Elli, aber mir ist immer noch schrecklich heiß!", jammert Herr Frostig. Als Elli ihre Flügel wie ein Sonnenschirm über ihm ausbreitet, seufzt der Schneemann erleichtert auf.

ENDE

Schneemann in Not

Text A

START

1. Im Garten steht der Schneemann Herr Frostig. Er hat eine Karottennase sowie Äste als Arme.

3. „Tolles Wetter! So kann ich meinen schwarzen Zylinder und meinen roten Schal tragen“, freut sich der Schneemann.

5. „Es ist so kalt, dass schon Eiszapfen an deinen Armen hängen“, jammern sie.

7. „Hilfe, ich schwitze!“, ruft der Mann aus Schnee und beginnt zu tropfen.

9. Elli hat dem Schneemann eine Sonnenbrille mitgebracht. Die setzt er gleich auf.

Schneemann in Not

Text B

2. Den ganzen Tag fallen Schneeflocken vom Himmel.

4. Da kommen zwei kleine Eichhörnchen und klettern jeweils auf einen seiner Arme.

6. Auf einmal kämpft sich die Sonne hinter den Wolken hervor. Ihre Strahlen fallen auf die Erde.

8. Die Tiere rufen Elster Elli zu Hilfe, die sich ganz oben auf dem Zylinder niederlässt.

10. „Mir ist immer noch heiß!“, jammert Herr Frostig. Da breitet Elli ihre Flügel wie einen Schirm über ihm aus.

ENDE

Wortspeicher zur Geschichte „Gefahr unterm Tannenbaum“

ausbreiten	aufspannen
Eichhörnchen 	kleines Nagetier mit buschigem Schwanz
eisig	sehr kalt
Eiszapfen 	hängende Spitzen aus gefrorenem Wasser
Elster 	schwarzer Vogel mit weißem Bauch
erwidern	antworten
Fundus	Vorrat, Sammlung verschiedener Dinge
Karotte 	Mohrrübe; oranges, längliches Gemüse
niederlassen	sich auf etwas setzen
Panik 	Angst
Pfiff 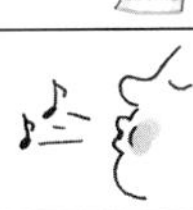	lauter Ton, der mit den Lippen erzeugt wird
quieken 	hoher Ton/Stimme
Schneeflocke 	Teilchen, aus denen Schnee besteht; kleine, weiße, gefrorene Wassertropfen
Sonnenbrille 	Brille mit dunklen Gläsern, die vor der Sonne schützt
Sonnenschirm 	Schirm, der vor der Sonne schützt
tropfen 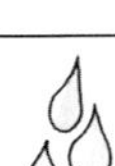	kleine Wasserteile, die herunterfallen
Wolkendecke 	Himmel mit vielen Wolken
Zylinder 	schwarzer, hoher Hut

Zoff im Zirkus

Text A

START

1. Im Zirkussaal ist es totenstill, als die Lämpchen um das Tor zur Manege zu leuchten beginnen.

3. Obwohl sie breit lächeln, ist ihre Laune eigentlich im Keller. Sie müssen sich den Auftritt teilen, obwohl sich jeder für den besseren Clown hält.

5. Dafür trägt Carlo einen kleinen schwarzen Hut auf seinem grünen Schopf.

7. „Du Trottel!“, lacht Carlo und zückt seine fünf Jonglierbälle. Leider passt er nicht auf und schon purzeln die bunten Kugeln auf den Boden.

9. „Soll ich löschen?“, witzelt Carli und drückt einen geheimen Knopf. Doch das Wasser läuft ihm aus der Hose, bis er in einer Pfütze steht.

Zoff im Zirkus

Text B

2. Clown Carlo und Clown Carli stehen in der Manege. Während Carlo auf der rechten Seite durch seine grüne Perücke auffällt, leuchtet Carlis Mähne feuerrot.

4. Carli hat sich mit seiner gepunkteten Fliege herausgeputzt. Sie passt perfekt zu seinen roten Haaren.

6. „Jetzt zeig ich es dir!“, murmelt Carli und zündet seine versteckte Konfettikanone. Aber anstatt, dass die bunten Papierschnipsel davonfliegen, kleben sie ihm nun überall auf den roten Haaren.

8. Carlo kichert: „Ich zeig dir jetzt meinen Feuertrick!“ Ein Knall ertönt und schon ist das Gesicht des Clowns pechschwarz wie sein Hut.

10. Verdattert stehen die beiden Clowns nun da, als ein tosender Applaus losbricht und bunte Blumen zu ihren Füßen in der Manege landen.

ENDE

Zoff im Zirkus

Text A

START

1. Im Zirkus ist es still. Nur die Lampen am Tor zur Manege leuchten.

3. Beide lachen breit. Aber sie sind schlecht gelaunt, weil sie sich den Auftritt teilen müssen.

5. Carlo hat einen kleinen schwarzen Hut auf dem grünen Schopf.

7. Carlo wirft seine fünf Jonglierbälle, aber die bunten Kugeln purzeln auf den Boden.

9. „Soll ich löschen?“, witzelt Carli und drückt einen geheimen Knopf. Doch das Wasser bildet nur eine Pfütze um seine Füße.

Zoff im Zirkus

Text B

2. Die Clowns Carlo und Carli stehen in der Mitte. Carlo auf der rechten Seite hat eine grüne Perücke. Carlis ist rot.

4. Zu seinen roten Haaren trägt Carli eine gepunktete Fliege.

6. Carli zündet seine versteckte Konfettikanone. Leider kleben die bunten Schnipsel nun auf seinen roten Haaren.

8. Carlo lacht: „Jetzt kommt mein Feuertrick!“ Nach einem Knall ist sein Gesicht schwarz wie sein Hut.

10. Da bricht ein Applaus los und bunte Blumen landen in der Manege.

ENDE

Wortspeicher zur Geschichte „Zoff im Zirkus“

Applaus 	vor Freude mit den Händen klatschen
bedröppelt	verlegen, traurig, peinlich
Clown 	verkleidete, lustige Person, die andere zum Lachen bringen will
ertönen	etwas ist zu hören
Fliege 	Kleidungsstück, Schleife um den Hals
herausputzen	schick machen, schön anziehen
jonglieren mit Bällen 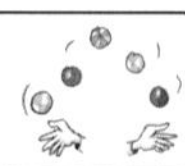	Bälle werfen und auffangen
Konfetti 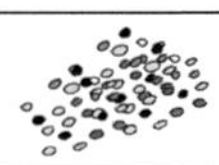	kleine, bunte Papierschnipsel
Laune ist im Keller	schlecht gelaunt sein
losbrechen	beginnen / starten
Mähne 	viele, buschige Haare
Manege 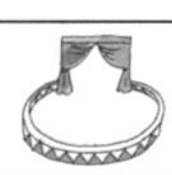	runde Fläche für Auftritte im Zirkus
pechschwarz	schwarz wie die klebrige schwarze Flüssigkeit
Perücke 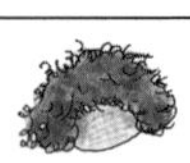	unechtes Haar
purzeln	unabsichtlich herunterfallen/-rollen
Schopf 	dichtes Haar auf dem Kopf
tosend	wild, heftig
totenstill	sehr leise
Zirkus 	Aufführungen von Künstlern in einem Zelt
Zoff 	Streit
zücken	schnell herausholen

Das Überraschungsei

Text A

START

1. Osterhase Otto ist früh auf, um in seiner Werkstatt am nächsten Osterei zu arbeiten. Das Ei auf dem Hocker vor ihm ist größer als er selbst.

3. Überall im Raum stehen schon seine bunten Eimer bereit. Blau, Rot, Grün, Gelb, Orange, fast jede Farbe ist dabei.

5. Danach verziert er das Ei mit vielen grünen und roten Punkten. „Ach, wie schön!“, ruft der Hase.

7. „Mist!“, flucht Otto, als er plötzlich ein Knacken hört. Ein langer, gezackter Riss erscheint auf dem Ei.

9. „Das passt sogar ganz gut dazu!“, stellt der Osterhase erfreut fest und ergänzt gleich noch mehr lila Zickzacklinien.

Das Überraschungsei

Text B

2. Schnell bindet er sich seine blaue Schürze um und schnappt seinen Lieblingspinsel. Und schon geht es los.

4. Zunächst bekommt das große Ei einen sonnengelben Anstrich. Otto achtet darauf, dass auch wirklich kein Fleck freibleibt.

6. Dabei passt er einen Moment nicht auf und schon tropft die rote Farbe auf den Boden. Auch sein großer Zeh bekommt einen Klecks ab.

8. „Was passiert hier?“, wundert sich Otto erschrocken. „Habe ich jetzt auch noch das Ei kaputtgemacht?“ Schnell greift er zu seinem lila Eierschalenkleber und überpinselt den Spalt.

10. Als Otto sein Werk zufrieden betrachtet, knackt es wieder. Das Ei platzt oben auf und der Kopf eines Kükens schiebt sich heraus. „Unglaublich!“, ruft Otto.

ENDE

Das Überraschungsei

Text A

START

1. Osterhase Otto arbeitet in seiner Werkstatt. Das Ei auf dem Hocker ist größer als er selbst.

3. Überall im Raum stehen bunte Eimer: blau, rot, grün, gelb und orange.

5. Danach verziert er es mit grünen und roten Punkten.

7. Mist! Da hört er ein Knacken und ein gezackter Riss erscheint auf dem Ei.

9. „Das passt gut!“, stellt der Hase fest und malt gleich noch mehr lila Zickzacklinien.

Das Überraschungsei

Text B

2. Er bindet sich seine blaue Schürze um und schnappt seinen Pinsel.

4. Zunächst malt er das ganze Ei gelb an. Nichts bleibt frei.

6. Dabei passt Otto nicht auf. Rote Farbe tropft auf den Boden und seinen Zeh.

8. „Habe ich das Ei kaputtgemacht?“, wundert sich Otto. Mit seinem lila Kleber überpinselt er schnell den Spalt.

10. Da knackt es wieder und das Ei platzt oben auf. Ein Küken schaut heraus. Unglaublich!

ENDE

Wortspeicher zur Geschichte „Das Überraschungsei“

Anstrich	etwas anmalen
aufplatzen	ein Loch entsteht
bunt	aus vielen Farben
Eierschale 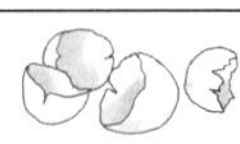	äußere Hülle von einem Ei
Eimer 	Gefäß zum Tragen von Flüssigkeiten
ergänzen	hinzufügen
Fleck	Stelle an einem Gegenstand
Hocker 	Gegenstand, auf dem man sitzt
Klecks 	Fleck aus Farbe
knacken	Geräusch, wenn etwas zerbricht
Küken 	junges Huhn
Mist!	Ausruf, Schimpfwort
Osterei 	bemaltes Ei
Pinsel 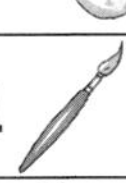	Gerät mit Haaren, um mit Farbe zu malen
Riss 	Bruchstelle
Schürze 	Kleidungsstück, das den vorderen Körper vor Schmutz schützt
Spalt 	Öffnung, durch einen Riss entstanden
Überraschung 	etwas passiert unerwartet/ohne, dass man davon wusste
verzieren	schmücken, schön machen
Werkstatt 	Raum zum Arbeiten
wundern	etwas nicht glauben können
Zeh 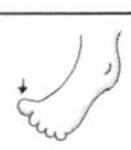	vorderster Teil der Füße
zickzack 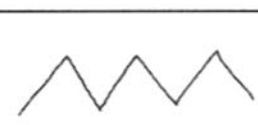	eckige Linie mit vielen Spitzen

Der Honigdieb

Text A

START

1. Braunbär Bruno streift durch den Wald. „Ich habe ja so einen Hunger!“, jammert er.

3. „Hey Großer!“, ruft plötzlich etwas von unten und Bruno entdeckt Schnecke Jessi direkt vor seinen Füßen.

5. „Pilze hängen mir zum Hals raus!“, knurrt Bruno genervt, als er zufällig nach oben blickt und einen großen Bienenstock direkt über sich am Ast entdeckt.

7. „Mehr, mehr, mehr!“ Mit einem langen Ast piekt er gegen den Bienenkorb, um noch weitere klebrige Flüssigkeit zu bekommen. „Spinnst du?“, ruft die kleine Schnecke.

9. Jessi warnt: „Pass auf!“, als Bruno schon von allen Seiten gestochen wird und sich dicke rote Stiche auf seiner Haut bilden.

Der Honigdieb

Text B

2. Er blickt sich um, aber um ihn herum ist nichts als grünes Moos und große Farne.

4. „Dein Magenknurren hört man ja schon von Weitem“, bemerkt sie frech. „Iss doch ein paar von den Pilzen hier am Baumstamm!“

6. „Honig!!“, jubelt der Braunbär begeistert und streckt sofort seine Zunge heraus. Goldener Honig tropft vom Stock zu ihm herab. „Ist das lecker!“, brummt er.

8. Aber Bruno ist zu gierig und stößt immer weiter zu. Da schwirren auf einmal unzählige, wütende Bienen aus dem Stock heraus.

10. „Au, au!“, ruft er panisch. „Hättest du mal doch die Pilze gegessen!“, mahnt die Schnecke, als der große Bär sogar ein paar Tränen vergießt.

ENDE

Der Honigdieb

Text A

START

1. Bruno streift durch den Wald. „Ich habe so Hunger!“, jammert der braune Bär.

3. „Hey!“, ruft Schnecke Jessi. Sie sitzt vor Brunos Füßen.

5. „Pilze hängen mir zum Hals raus!“, knurrt Bruno. Er entdeckt über sich einen Bienenstock am Ast.

7. „Mehr!“ Mit einem Ast piekt er gegen den Korb. „Spinnst du?“, ruft die Schnecke.

9. Schon wird Bruno gestochen und rote Stiche bilden sich auf seiner Haut.

Der Honigdieb

Text B

2. Um ihn herum sieht er nur grünes Moos und Farne.

4. „Dein Magenknurren hört man von Weitem“, sagt sie. „Iss doch die Pilze hier am Baumstamm!“

6. „Honig!“, jubelt der Bär. Er streckt seine Zunge heraus und Honig tropft herab. „Lecker!“, brummt er.

8. Aber Bruno stößt weiter zu. Da schwirren Bienen aus dem Stock.

10. „Aua!“, ruft er. „Hättest du mal die Pilze gegessen!“, mahnt Jessi. Der Bär vergießt ein paar Tränen.

ENDE

Wortspeicher zur Geschichte „Der Honigdieb"

Baumstamm 	unterer Teil des Baumes
Baumstumpf 	Rest eines gefällten Baumes
Biene 	schwarz-gelb gestreiftes Insekt mit Stachel
Bienenstock 	hängendes Haus der Bienen, rund
Braunbär 	brauner Bär
brummen	tiefer Ton eines Lebewesens
Farn 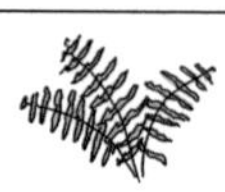	grüne Pflanze mit großen Blättern, die am Boden wächst
gierig	jemand bekommt nicht genug/will immer mehr
jammern	klagen, heulen
jubeln	sich sehr freuen
Honig 	gelbe, zähe Flüssigkeit, von Bienen hergestellt
Magenknurren	Geräusch aus dem Bauch, wenn man Hunger hat
mahnen	warnen
Moos 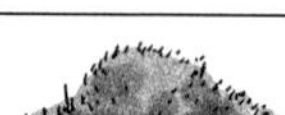	grüne Pflanzendecke
unzählig	sehr viele
schwirren	schnell herumfliegen
pieken	dagegen stechen
Schnecke 	schleimiges Kriechtier, oft mit rundem Haus auf dem Rücken
Stiche 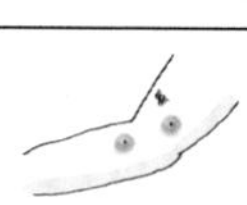	Verletzung durch zum Beispiel den Stachel einer Biene; rote, juckende Punkte
umherstreifen	langsam/ohne Ziel herumlaufen

Der gestohlene Stöckelschuh

Text A

START

1. Wir befinden uns im Schlafzimmer von Madam Leonora. Alles sieht teuer aus. Sogar das Bett hat goldene Löwenfüße.

3. Das Verbrechen springt ihm sofort ins Auge. Im Regalfach steht neben den Büchern und unter dem Wecker nur noch ein einzelner diamantenbesetzter roter Stöckelschuh.

5. „Wer hat ein Motiv, diesen Schuh zu stehlen?", grübelt Detlef und holt seine Lupe heraus.

7. Dann sieht er über dem Bett ein Gemälde, auf dem ein kleiner schwarzer Hund mit goldenem Halsband zu sehen ist. „Das muss ihr Schoßhündchen sein", denkt er.

9. Beim genauen Hinsehen entdeckt er sogar noch ein schwarzes Schwänzchen, das unter dem Bett hervorlugt.

Der gestohlene Stöckelschuh

Text B

2. Detektiv Detlef soll einen Diebstahl aufklären. Wie immer trägt er seinen braunen Mantel.

4. Auf dem Boden davor liegt ein zerbrochener Blumentopf. Erde ist überall verstreut.

6. Er lässt seinen Blick schweifen und bleibt an der Bettkante hängen. „Hier sind aber viele schwarze Härchen auf der Decke“, sagt er zu sich.

8. Sein Blick untersucht nun den Fußboden. „Was ist das denn?“, ruft der Detektiv. Er entdeckt kleine Pfotenabdrücke, die vom Regal über den Teppich unter das Bett führen.

10. „Wen haben wir denn da? Ich glaube, der Fall ist gelöst!“, lacht Detlef und wirft eine Wurst vor das Bett.

ENDE

Der gestohlene Stöckelschuh

Text A

START

1. Im Schlafzimmer von Madam Leonora ist alles teuer. Sogar das Bett hat goldene Löwenfüße.

3. Das Verbrechen sieht er sofort. Im Regalfach unter dem Wecker steht nur noch ein roter Stöckelschuh mit Diamanten.

5. Detlef grübelt und holt seine Lupe heraus.

7. Dann sieht er über dem Bett ein Gemälde. Auf dem ist ein schwarzer Hund mit goldenem Halsband zu sehen.

9. Da fällt ihm ein schwarzes Schwänzchen auf. Es schaut unter dem Bett hervor.

Der gestohlene Stöckelschuh

Text B

2. Detektiv Detlef trägt seinen braunen Mantel.

4. Auf dem Boden davor liegt ein zerbrochener Blumentopf. Erde ist überall verstreut.

6. Auf der Bettdecke fallen ihm schwarze Härchen auf.

8. Als Nächstes entdeckt er auf dem Boden Pfotenabdrücke, die vom Regal über den Teppich unter das Bett führen.

10. „Der Fall ist gelöst!“, lacht Detlef und wirft eine Wurst vor das Bett.

ENDE

Wortspeicher zur Geschichte „Der gestohlene Stöckelschuh“

Bettkante 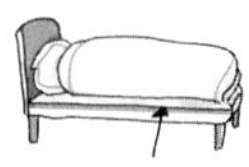	Rand eines Bettes
Blumentopf 	Behälter, in dem eine Blume wächst
Detektiv 	Ermittler, Person, die Verbrechen aufklärt
Diamant 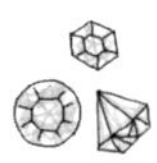	wertvolle Edelsteine
Gemälde 	wertvolles Bild
grübeln	nachdenken
ins Auge springen	etwas sofort sehen
Lupe 	Gegenstand mit einem Glas, um etwas vergrößert anzuschauen
Madam	französisches Wort für Frau
Motiv	Grund für eine Straftat
perfekt	sehr gut
Pfotenabdrücke 	Fußspuren von Tieren
Schoßhund 	kleiner Hund
Schwänzchen 	kleiner Schwanz eines Tiers
Stöckelschuh 	Schuh mit Absatz, hoher Schuh
Teppich 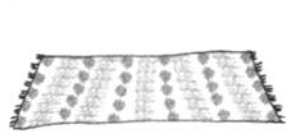	Stoff für den Fußboden
untersuchen	genau hinsehen
Wecker 	eine Art Uhr

Eine aufregende Nacht im Zelt

Text A

START

1. Es ist eine schöne, sternenklare Nacht in den Ferien. Am Nachthimmel scheint der helle Vollmond.

3. Das Lagerfeuer glüht noch leicht vor sich hin.

5. Da entdeckt Timo rote Flecken am Zelt und flüstert ängstlich: „Ist das etwa Blut? Hilfe! Was ist hier nur los?“

7. „So ein Chaos!“, meint Kai mit zitternder Stimme und erschrickt, als plötzlich scheppernd zwei zerquetschte, leere Coladosen vor das Zelt rollen.

9. Die Herzen der Jungen klopfen wild vor Angst, als auf einmal eine Bananenschale auf Kais Kopf landet. Dieser schreit auf.

Eine aufregende Nacht im Zelt

Text B

2. Timo und Kai haben ihr Zelt neben zwei großen Tannen auf einer Waldlichtung aufgebaut.

4. Ein Rascheln weckt die beiden Jungen. Beide Kinder reißen die Augen auf. „Was war das?“, ruft Timo.

6. Kai raunt zurück: „Schau, jemand hat all unsere Sachen durchwühlt und verteilt.“ Timo bemerkt, dass Kleidung, Zahnbürsten und Chipstüten überall herumliegen.

8. Schnell zieht Timo seine neue Stirnlampe auf den Kopf, aber nichts zu sehen.

10. Da ertönt ein Keckern und zwischen den beiden Tannen huscht ein Schatten mit buschigem Schwanz davon. Timo lacht schallend; „Ich glaube, das war ein Waschbär, der ziemlich Hunger hatte.“

ENDE

Eine aufregende Nacht im Zelt

Text A

START

1. Es ist eine sternenklare Nacht in den Ferien. Am Nachthimmel scheint der Vollmond.

3. Das Lagerfeuer glüht noch vor sich hin.

5. Da entdeckt Timo rote Flecken am Zelt und flüstert ängstlich: „Ist das etwa Blut? Hilfe!“

7. „So ein Chaos!“, meint Kai. Zwei zerquetschte Coladosen rollen scheppernd vor das Zelt.

9. Auf einmal landet eine Bananenschale auf Kais Kopf. Dieser schreit auf.

Eine aufregende Nacht im Zelt

Text B

2. Timo und Kai haben ihr Zelt neben zwei Tannen aufgebaut.

4. Ein Rascheln weckt die Jungen. Beide reißen die Augen auf.

6. Kai raunt: „Unsere Sachen wurden durchwühlt!“ Timo bemerkt herumliegende Kleidung, Zahnbürsten und Chipstüten.

8. Schnell zieht Timo seine Stirnlampe auf, aber nichts ist zu sehen.

10. Da ertönt ein Keckern. Zwischen den Tannen huscht ein Schatten mit buschigem Schwanz davon. Timo lacht: „Das war ein Waschbär, der Hunger hatte.“

ENDE

Wortspeicher zur Geschichte „Eine aufregende Nacht im Zelt“

aufreißen	schnell aufmachen
Bananenschale 	leere Haut einer Banane
durchwühlen	durchsuchen und dabei Unordnung machen
Ferien 	Zeit, in der keine Schule ist
glühen	rot vor Hitze leuchten
Lagerfeuer 	Feuerstelle in der Natur
keckern	tierischer Laut, abgehaktes Geräusch
Nachthimmel 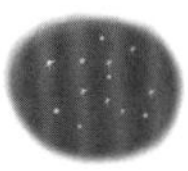	dunkler Himmel in der Nacht mit Sternen und Mond
rascheln	Geräusch durch Bewegung
raunen	flüstern
schallend	laut
scheppern	knallen, rumpeln
Stirnlampe 	Lampe, die mit einem Band um den Kopf befestigt ist
Tanne 	Nadelbaum
Vollmond 	runder Mond
Waldlichtung 	freier Platz im Wald
Waschbär 	Tier mit schwarz-weißem Fell und buschigem, gestreiften Schwanz
Zelt 	Ort zum Schlafen mit Stoffwänden
zerquetscht	zerdrückt, verformt
zittern	Körper bewegt sich schnell hin und her

Der Pirat hat Pech

Text A

START

1. Pirat Piet schlummert gerade in seinem Liegestuhl. Seine schwarze Klappe über dem linken Auge schützt ihn vor der Sonne.

3. Schon bildet sich eine dicke, rote, pochende Beule auf seiner Stirn.

5. Piet findet das Ganze gar nicht lustig und wirft seinen braunen Stiefel nach dem Vogel. Der Schuh verfehlt nur knapp sein Ziel.

7. Langsam lässt der Schmerz nach. Piet blinzelt zum Meer. Dort schwimmt eine grüne Flasche. „Eine Flaschenpost!“, ruft er aufgeregt.

9. Da hat Piet eine Idee. Er wirft Pepe seine Angelschnur zu. „Fang sie mit dem Schnabel!“, ruft er. Der Papagei tut, wie ihm befohlen wurde. Dann lässt er die Schnur mit dem Haken am Ende zur Flasche hinunter.

Der Pirat hat Pech

Text B

2. Da fällt ihm eine runde Kokosnuss auf den Kopf. „Aua! Was soll das?“, ruft Piet wütend.

4. Piets Papagei Pepe hört das Geschrei und kommt herbei. Er setzt sich auf die höchste Stelle der Palme und lacht schadenfroh.

6. „Hey, spinnst du?“, schimpft Pepe und verliert vor Schreck ein paar Federn. „Ich kann doch gar nichts dafür.“

8. Als der Pirat schon aufspringen will, schreit Pepe: „Stopp! Bleib sitzen! Am Ufer sind wieder diese fiesen roten Krebse unterwegs.“

10. „Gleich haben wir sie!“, kreischt Piet vergnügt, als plötzlich ein Hai aus dem Wasser taucht und die Flasche mit seinem riesigen Maul schnappt.

ENDE

Der Pirat hat Pech

Text A

START

1. Pirat Piet schlummert in seinem Liegestuhl. Sein linkes Auge ist mit einer schwarzen Augenklappe geschützt.

3. Schon bildet sich eine rote Beule auf seiner Stirn.

5. Piet findet das nicht lustig. Er wirft seinen braunen Stiefel nach dem Vogel, aber verfehlt ihn knapp.

7. Piet blinzelt zum Meer. Dort schwimmt eine grüne Flasche. Eine Flaschenpost!

9. Da wirft Piet Pepe eine Schnur zu. Der fängt diese mit dem Schnabel und lässt sie mit dem Haken am Ende zur Flasche hinunter.

Der Pirat hat Pech

Text B

2. Da fällt ihm eine Kokosnuss auf den Kopf. Aua!

4. Piets Papagei Pepe kommt herbei. Er setzt sich auf die höchste Stelle der Palme und lacht.

6. „Spinnst du?“, schimpft Pepe und verliert ein paar Federn.

8. Als der Pirat aufspringen will, schreit Pepe: „Stopp! Am Ufer sind rote Krebse unterwegs.“

10. Auf einmal taucht ein Hai auf und schnappt die Flasche mit seinem Maul.

ENDE

Wortspeicher zur Geschichte „Der Pirat hat Pech“

(Angel)Schnur 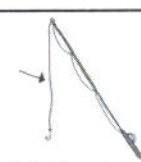	Leine, um Fische zu fangen
Augenklappe 	schwarze Abdeckung für ein krankes Auge
Beule 	rote, dicke, geschwollene Verletzung
blinzeln	Augen schnell auf- und zumachen
fies	gemein, böse
Flaschenpost 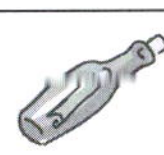	Flasche, in der sich ein Brief befindet
Geschrei 	lautes Rufen, Brüllen
Hai 	großer, gefährlicher Fisch mit scharfen Zähnen und spitzer Rückenflosse
Haken 	gebogenes Metallstück, um etwas zu fangen
Kokosnuss 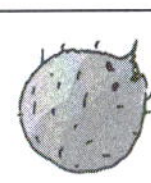	braune, harte, kugelförmige Frucht einer Palme
Krebs 	Schalentier mit Scheren und sechs Beinen
kreischen	laut schreien
Maul 	Mund von Tieren
Mittag	Mitte des Tages, 12 Uhr
Palme 	Baum mit hohem Stamm und großen, gefächerten Blättern
Papagei 	bunter Vogel
pochend	klopfendes Gefühl
schadenfroh	Freude über ein Problem eines anderen
schlummern	friedlich schlafen
Ufer 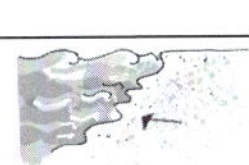	Bereich vor dem Wasser
verfehlen	nicht treffen

Der verlorene Eimer

Text A

START

1. Eben hatte Toni noch am Strand gebuddelt, als eine Welle seinen roten Eimer wegspülte. Jetzt taucht er ab und hält mit seiner grünen Taucherbrille Ausschau nach seinem Spielzeug.

3. Ein grüner Schnorchel ragt von seinem Mund knapp über das Wasser. So bekommt Toni Luft.

5. Toni blickt sich nach dem Eimer um. Da entdeckt er etwas auf dem Meeresgrund. Er will bereits nach unten schwimmen, als er bemerkt, dass es nur ein roter Seestern ist.

7. Huch! Toni erschreckt sich so sehr, dass aus seinem Mund gleich ein paar Blubberblasen nach oben steigen.

9. „Da buddelt wohl noch jemand gerne“, denkt sich Toni, als ein hellbrauner Einsiedlerkrebs herauskrabbelt.

Der verlorene Eimer

Text B

2. Seine gelben Schwimmflossen helfen ihm dabei, unter Wasser fast zu schweben.

4. Die Unterwasserwelt ist bezaubernd. Auf dem Felsen wachsen bunte Korallen und silberne Fische knabbern daran.

6. „Irgendwo muss er doch sein!“, denkt er und erspäht im gleichen Moment etwas zwischen den Wasserpflanzen. Da schießt ein dicker roter Fisch hervor.

8. „Ob ich meinen Eimer wiederfinde?“, zweifelt der Junge, als er auf dem Meeresboden ein Loch im Sand entdeckt.

10. Da staunt der Junge nicht schlecht: „Da ist ja mein Eimer!“ Allerdings hat dieser jetzt einen neuen Besitzer, denn der Krebs hat ihn sich als neues Haus ausgesucht.

ENDE

Der verlorene Eimer

Text A

START

1. Toni buddelte am Strand, als eine Welle seinen roten Eimer wegspülte. Mit seiner grünen Taucherbrille taucht er nun unter und sucht ihn.

3. Der grüne Schnorchel ragt knapp über das Wasser.

5. Toni blickt sich um. Er entdeckt aber nur einen roten Seestern auf dem Boden.

7. Toni erschreckt sich so, dass aus seinem Mund Blubberblasen aufsteigen.

9. „Da buddelt wohl auch jemand“, denkt Toni. Ein brauner Einsiedlerkrebs krabbelt heraus.

Der verlorene Eimer

Text B

2. Mit seinen gelben Schwimmflossen schwebt Toni fast.

4. Auf den Felsen wachsen bunte Korallen. Silberne Fische knabbern daran.

6. Dann sieht er etwas zwischen den Wasserpflanzen. Plötzlich schießt ein roter Fisch hervor.

8. Der Junge will aufgeben, als er im Sand ein Loch entdeckt.

10. Toni staunt: „Da ist mein Eimer!" Dieser hat jetzt aber einen neuen Besitzer. Der Krebs hat ihn sich als neues Haus ausgesucht.

ENDE

Wortspeicher zur Geschichte „Der verlorene Eimer“

allerdings	aber
nach etwas Ausschau halten	nach etwas suchen
bemerken	erkennen, feststellen
bezaubernd	sehr schön
Blubberblasen 	Luftblasen
buddeln	graben
Einsiedlerkrebs 	Krebs mit Muschel als Haus auf dem Rücken
erspähen	erblicken, entdecken
Huch!	Ausruf des Erschreckens
Koralle 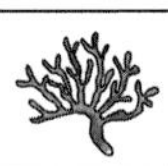	bunte Unterwasserpflanze
Körnchen	sehr kleine Steine
Meeresgrund 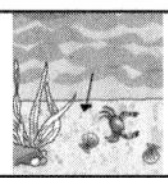	Boden des Meeres
Sand	eine Art Erde am Strand/Meer
Schnorchel 	Rohr zum Atmen unter Wasser
schweben	hier: sich im Wasser halten, ohne zu sinken
Schwimmflosse 	Schuh zum Schwimmen mit breitem, flachem Ende
Seestern 	sternförmiges Tier im Meer
Unterwasserwelt 	Tiere und Pflanzen unter Wasser
wegspülen	Wasser zieht etwas mit sich
zweifeln	unsicher sein